QUESTION D'AVENIR

DU THÉATRE

DES ÉTABLISSEMENTS PUBLICS

DES CAFÉS-CONCERTS

A MARSEILLE

REPRODUCTION AUTORISÉE

MARSEILLE.
TYPOGRAPHIE ET LITHOGRAPHIE ARNAUD ET COMP^e,
Rue Cannebière, n. 10.

1859

QUESTION D'AVENIR

DU THÉATRE

DES ÉTABLISSEMENTS PUBLICS

DES CAFÉS-CONCERTS

A MARSEILLE

Depuis quelque temps la situation financière de nos théâtres semble absorber les préoccupations de notre petite presse locale, et quelquefois les grands maîtres de la critique concourent au concert général, à l'entresol de nos grands journaux. On n'entendra bientôt plus qu'un cri : le théâtre se meurt, le théâtre est mort ; et chacun de chercher la cause de cet état de marasme, et tous de répéter en chœur : Pour sauver les théâtres, il faut tuer le Château-des-Fleurs, le Casino, l'Alcazar, le Jardin Zoologique, etc., etc., etc. Ce qui signifie, en d'autres termes, pour enrichir le directeur du théâtre, un commerçant, il faut ruiner quatre, cinq, six commerçants.

Cela est-il juste ? C'est ce que nous allons examiner en quelques mots.

1859

Et d'abord Marseille serait-elle la seule ville où on eût à déplorer la ruine des théâtres ? Évidemment non ; c'est là, il faut le reconnaître, un mal général, mal que nous déplorons tous, qu'il faut chercher à guérir, mais dont, par conséquent, il faut rechercher la source.

Nous avons sous les yeux un tableau publié, le 20 juin 1858, par M. Tronchet, se baptisant administrateur des théâtres de Marseille. (Pourquoi pas directeur?) Nous ne pourrions trouver un meilleur guide pour avoir nos renseignements. Nous ne voulons pas faire à M. Tronchet l'injure purement gratuite de discuter les chiffres qu'il établit; nous le croyons sur parole, et nous espérons arriver à prouver, avec ses propres assertions, que le théâtre n'éprouve aucune perte ; que, si par hasard, il en éprouvait, la faute en serait à ceux qui, exploitant maladroitement, en sont arrivés cependant à se poser en seuls capables, seuls indispensables pour mener à bonne fin la barque théâtrale.

Et d'abord, qu'est-ce qu'un directeur de théâtre?

L'art. 632 (Code de commerce) range au nombre des actes de commerce *toute entreprise de spectacles publics*.

Du principe que les entreprises de spectacles publics sont des actes de commerce, il en résulte que tout entrepreneur de spectacles publics est réputé commerçant, et qu'il est soumis, en cette qualité, aux règles et obligations tracées par la loi commerciale (1).

Or, voici un commerçant, un spéculateur, qui, par suite de faux calculs, de mauvaises combinaisons ou de toutes autres causes, qui éloignent de lui les populations, éprouve des pertes, et qui s'en va criant : C'est la concurrence qui me tue, tuez la concurrence. Cela est-il juste? Mais si les chances avaient été contraires, si, au lieu de pertes, vous eussiez *éprouvé* des bénéfices en ruinant vos concurrents, et cela en attirant à vous, par votre savoir-faire, ceux que vous avez écartés, iriez-vous, par hasard, leur proposer de reprendre les sommes qui grossiraient votre caisse? Oh que nenni! De quoi donc vous plaignez-vous, directeur de

---

(1) Lacan et Paulmier. *Législation du théâtre.*

théâtre ? La loi vous a fait commerçant, votre volonté vous a fait directeur, acceptez donc votre situation telle qu'elle, et laissez-nous ce que vous appelez les établissements rivaux.

Allons plus loin. Vous êtes commerçant privilégié. La commune vous donne cent, cent vingt, cent quarante mille francs de subvention, que sais-je ; elle vous aide dans la limite de ses moyens, et vous n'êtes pas encore satisfait ! Vos recettes diminuent, dites-vous, le gouffre de la perte va s'agrandissant chaque jour.

Mais, cette somme dont la commune dispose ainsi en votre faveur, elle est la propriété de tous ; elle passe dans votre caisse, pour que vous puissiez *amuser*, *divertir*, *instruire* tous les habitants ; et les habitants, les ingrats, préfèrent d'autres spectacles, d'autres divertissements ? De quoi vous plaignez-vous ? et à qui la faute ?

Je n'ai pas à critiquer vos actes d'administrateur ; je n'ai ni à les blâmer, ni à les défendre ; laissez-moi vous dire cependant que ce n'est pas en tuant, sous vous, je ne sais bientôt plus combien de directeurs *sérieux ou fantastiques;* ce n'est pas en nous exhibant quinze ou seize ténors dans une année, et quels ténors, bon Dieu ! ce n'est pas en nous privant de première chanteuse, de première dugazon, ce n'est pas, dis-je, en faisant, ainsi que vous l'avez fait, miroiter certains noms, que nous n'avons jamais vus que sur l'affiche, que vous arriverez à attirer le public dans votre salle de spectacle. Le public vous fuit, et il a peut-être raison ; il paie, mais il siffle : c'est son droit.

En dehors de tous ces faits particuliers au directeur, il en est d'autres dont il est la cause indirecte et qui sont la véritable plaie du théâtre. Ici nous relevons les chiffres de M. Tronchet. Nous voulons parler des sommes fabuleuses qui pèsent sur le budget directorial.

Prenez garde, les chiffres sont brutaux, ils parlent fort et haut.

Nous lisons, dans votre tableau, au paragraphe 4, que *les recettes casuelles du Grand-Théâtre, durant plusieurs années, sont toujours restées dans la moyenne de* 250,000 fr.

Il est donc convenu que c'est là le chiffre des recettes antérieurement à l'ouverture du Casino, de l'Alcazar et du Jardin Zoologique, etc. Prenons vos deux dernières années de gestion et les chiffres donnés par vous, puisque ces établissements n'ont été créés que depuis cette époque, et nous trouvons, années 1856-57, recettes casuelles 284,844 ; année 1857-58, recette casuelles, 264,358.

Le chiffre des abonnements qui, avant l'ouverture des établissements rivaux, était, d'après vous, de 35,227, a atteint, depuis cette époque, celui de 86,000 fr. — La location des loges, qui produisait, toujours avant l'ouverture des établissements rivaux, un moyenne de 59,966 fr., a produit, depuis, 86,926 fr.

Dressons maintenant un petit tableau, et que ceux qui ont des yeux voient.

État des recettes des deux théâtres, avant l'ouverture des établissements dont s'agit :

```
        Casuelles .........   F. 250,000
        Abonnements ......       35,227
        Location des loges...    59,966
                                ────────
                                F. 345,193
```

Depuis l'ouverture de ces établissements :
```
Casuelles, moyennes des deux années.  F. 274,586
Abonnements, en moyenne..............     84,756
Location des loges ..................     86,926
                                         ────────
                                         F. 446,268
```

```
                    F. 446,268
                       345,193
                      ────────
        Différence  F. 101,065
```

Vous l'avouez donc, M. Tronchet, vos recettes ont augmenté, ces deux dernières années, de 101,065 fr. par an.

Qu'en pensent ceux qui croient que vous vous êtes ruiné ?

Il restera donc établi que, loin de diminuer, vos recettes ont augmenté d'un chiffre rond de 100,000 fr. par an.

Je ne puis pas discuter les chiffres de l'année qui vient de s'écouler ; M. Tronchet n'a pas cru devoir les publier, et je le répète, je ne veux le battre que par ses propres armes (1).

Quel est donc la cause de vos pertes, si perte il y a ? Vous l'avez reconnu vous-même, c'est le chiffre exagéré des appointements de certains artistes, chiffre que vous avez laissé s'accroître, et dont il semble que vous ayez favorisé l'énorme développement.

Eh quoi ! il y a quelques années, la troupe du Grand-Théâtre coûtait à Marseille par an, c'est vous qui le dites, 158,000 francs environ et elle coûte aujourd'hui 470,000 fr. Les artistes jouaient onze mois et donnaient vingt-cinq représentations par mois, ils ne jouent plus que huit mois et ne donnent pas plus de dix-huit représentations par mois. Oh ! dites-nous de grâce en quoi, comment, pourquoi, vous êtes directeur si privilégié pour arriver à une pareille énormité, alors que dans tous les théâtres de France, s'il existe il est vrai une augmentation de traitement pour les artistes, elle est loin d'être aussi extraordinairement abusive.

Il y a plusieurs causes, dites-vous, pour motiver cette augmentation ; elles vous sont étrangères, je le veux bien ; mais, dites avec moi que c'est cet énorme budget des dépenses qui vous étouffe, et ne dites plus que c'est la rivalité d'autres établissements, lorsque nous venons de vous démontrer que vos recettes, par contraire, augmentent chaque jour.

Mais allons jusqu'au bout.

Malgré tout ce que nous venons de dire, malgré les chiffres qui nous viennent de vous, et que nous avons essayé de grouper, nous pourrions arriver presque à établir que vos pertes ne sont pas tellement grandes qu'il faille, pour vous sauver, tout tuer autour de vous.

---

(1) Cependant nous pourrions presque assurer que, pendant cette année, les recettes ont encore dépassé le chiffre des années précédentes, car la salle était constamment remplie ; chaque début attirait de nombreux spectateurs, et nous devons avoir eu 50 ou 60 représentations de débuts pour les ténors seulement.

Voyons, vous avez perdu 40, 50, 60 mille francs, allons plus loin, 100,000 francs; — vous le voyez je compte largement avec vous; mais les chiffres que vous nous donnez au budget de vos dépenses, s'ils sont vrais, vont établir que malgré cette perte énorme que nous vous concédons, il y a encore pour vous un bénéfice raisonnable et qui dépasse de beaucoup, cette petite somme honteuse de 196 fr. par mois que vous vous allouez en votre qualité de *moitié de directeur*.

Retranchons donc de votre budget des dépenses ce qui ne doit pas y figurer:

Vous avez eu des procès et vous les avez perdus puisque vous comptez pour frais judiciaires..... F.	5,379 94
Vous avez recompensé des artistes, des employés, etc........................	13,294 25
Vous avez faits des costumes et des armures	40,579 05
Des décors...........................	52,312 47
Vous avez acheté d'autres décors pour une somme de........................	69,369 86
Total..... F.	180,935 57

Mais si je ne me trompe, les frais de justice sont le résultat de faits qui vous sont personnels, ils ne peuvent pas entrer en compte des dépenses ordinaires.

Largement vous payez, et vous récompensez encore plus largement; c'est très-bien, c'est d'un grand cœur; mais ce n'est pas là une dépense sérieuse.

Vous avez acheté ou fait faire des armures, des décors, mais ils sont votre propriété; ne nous les comptez donc pas comme dépenses, puisque le jour où vous quitterez les rênes de la direction vous les emporterez avec vous, ou les vendrez peut-être encore 100,000 fr. à la ville, comme lors de la vente du matériel Lafeuillade et Tronchet; vous vous le rappelez bien, vous les connaissez tous deux.

Ces diverses sommes qui vous appartiennent ou que vous auriez pu avoir sans votre générosité ou votre témérité de plaideur, représentent 180,935 fr.; vous avez perdu, dites-vous, 100,000 fr., vous avez en votre possession 180,935, différence ; 80,935 fr., qui ajoutés aux 30,000 fr. que la ville vient de vous accorder forment bien 110,935 fr. Dites-moi maintenant si nous cherchions bien, peut-être arriverions-nous encore à discuter quelqu'autre chiffre qui ferait élever ce chiffre de 100,935 fr., beaucoup plus haut; mais bah ! C'en est assez, nous sommes arrivés bien loin de 196 fr. par mois (1).

Nous en finissons.

Nous croyons que le théâtre à Marseille n'est pas dans de bonnes conditions de vitalité; nous avons cherché les causes de cet état. Nous les avons mises au jour; si par hasard nous nous étions trompés dans nos appréciations, si en dehors de ces causes, il en existe d'autres que nous ne connaissons pas, et qui, pareilles à des rescifs cachés, heurtent la barque théâtrale et la font couler, nous serons les premiers à reconnaître hautement notre erreur; mais toujours sera-t-il démontré que depuis la création des divers établissements dont s'agit, les recettes ont acquis une proportion ascendante, que, par conséquent, ce n'est pas là qu'est le mal.

Disons un mot de ces différents établissements.

Depuis trente ans Marseille avait acquis un énorme développement, sa population avait presque triplé, des milliers de visiteurs circulaient dans ses rues, et à toute cette population, qui bientôt aurait demandé comme les anciens Romains, *circenses*, notre ville n'offrait pour toute distraction que ses deux théâtres, vieilles salles alors enfumées et qui cependant regorgeaient chaque jour de spectateurs. Mais le goût du théâtre n'est pas le seul que nous aimions à satisfaire, la promenade a aussi ses adeptes : le Prado venait d'ouvrir ses larges et belles allées, et la foule de s'y précipiter pour chercher la fraîcheur que notre climat nous

---

(1) N'est-il pas scandaleux de voir, par exemple, dans ces chiffres de dépenses : Huiles pour quinquets et illuminations 28,082 fr. ; — Bougies 1,514 fr. ; — Artifices 5,153 fr. ; — Brochures 7,481 fr. ; — Correspondance 4,199 fr. ; - Cartes d'entrée 5,831 fr. ; — Inspection des petits Théâtres 8,968 fr. ; — Abonnement aux journaux 2,379 f. ; — Physionomistes 3,283 fr ; etc., etc.?

impose comme condition d'hygiène. Le Prado pouvait-il et devait-il rester une simple promenade de six kilomètres sans que le promeneur pût un instant reposer ses esprits ? Evidemment non ! et le Château-des-Fleurs et l'Hippodrome s'élevèrent, et un plaisir de plus nous fut offert.

Mais Marseille s'agrandissait toujours, elle devint bientôt, nous pouvons le dire haut, la seconde ville de France; à elle alors les embellissements, les perfectionnements; à elle les travaux d'art, d'utilité. Mais à toute cette population qui lance sur la mer, chaque jour, ses mille navires, qui inonde tous les marchés de France de ses envois, qui ouvre des ports, rase des montagnes, creuse des canaux, élève des aqueducs, il fallait des divertissements nouveaux. Les deux théâtres ne suffisaient plus, notre vie active ne pouvait plus guère s'accommoder de ce plaisir, sans doute excessif, mais ennuyeux par trop souvent. Rester trois ou quatre heures chaque soir assis à la même place, entendre les mêmes *chefs-d'œuvre interprétés par les mêmes artistes*, ce n'est plus là pour nous une satisfaction, c'est peut-être, et pour beaucoup, un véritable devoir, un véritable travail. Et puis, M. Tronchet nous le dit : nous aimons boire, fumer, causer et circuler librement pendant toute la soirée, et certes, ce n'est pas au théâtre que nous éprouverons de pareilles félicités.

Sommes-nous cependant si indifférents aux choses de l'art que nous ayions désappris le chemin du théâtre ? Non, mille fois non ! M. Tronchet vient encore à notre secours. Que des œuvres des grands maîtres soient représentées, les recettes augmentent; que les artistes s'appellent Mme Lafon, Mme Charton, M. Montaubry, etc., etc., la foule accourt et la caisse directoriale s'emplit. Nous ne voulons pas tirer de conséquences.

Ce fut alors que se construisirent de vastes et beaux cafés, fleurons de la Cannebière, et que Paris nous envie. C'est dire les cafés Turc, de l'Univers, de France, et, depuis, le café du Louvre, et, depuis encore, le café des Deux-Mondes. Mais Paris possédait ses cafés-concerts, ses jardins-concerts, ses jardins-promenades; Lyon, ses innombrables cafés-concerts, son Alcazar, son Casino, ses Bouffes, et l'on voudrait que Marseille restât complètement en arrière. Quoi ! disait le voyageur, pour entendre un peu de musique, il faut aller au théâtre, s'enfermer pendant quatre heures, sans pouvoir risquer un mouvement, payer fort cher ! Mais faites donc des établissements lyriques ; imitez, si vous ne savez créer; et le coquet Casino répondit en ouvrant ses portes.

Nous nous rappelons tous les quelques mois qui suivirent cette ouverture; la foule s'entassait sur la place Noailles, et chaque jour il fallait l'intervention de l'autorité pour empêcher les rixes.

L'élan était donné. Le public marseillais, qu'on disait, et pour cause, indifférent aux choses de l'art, donnait un démenti à ses détracteurs. Le Casino devint insuffisant. Bientôt l'Alcazar s'éleva : sa magnifique et gigantesque salle, ses décors, ses jardins, son luxe fantastique en firent un lieu de délices, et il vint prendre sa place au premier rang des établissements chéris du public. Le Casino s'agrandit, voulant répondre à son tour aux exigences des Marseillais, et nous eûmes alors ces deux établissements, dont nous sommes fiers, et qu'on voudrait nous enlever, au plus grand bénéfice d'un administrateur des théâtres.

Le quartier de la Plaine, qui a son théâtre, voulut aussi son café-concert. L'Eldorado vécut, mais il vécut ce que vivent les roses. Est-ce à dire que le dernier mot est dit pour cet établissement ? Non ! Mais son temps n'est pas encore venu, et on le sait; tout vient à bien à qui sait et peut attendre.

Cependant, le Château-des-Fleurs venait d'être envahi, il faut bien le reconnaître, bon Dieu ! par une partie de la population qui demandait, elle aussi, son droit de cité, conséquence fatale des grandes villes, que l'on constate et que l'on oublie. Il fallait, dès lors, donner un nouveau but de promenade à nos femmes, à nos filles, où elles pussent librement, et sans craindre un contact toujours humiliant, respirer la brise de mer pendant nos douces soirées d'été. Aussi, n'attendit-on pas longtemps; le Jardin Zoologique répondit à ce besoin, et chaque jour il cherche, par ses embellissements, à le remplir convenablement.

Ainsi, chacun de ces établissements, dont on demande aujourd'hui la mort, n'étant que la conséquence d'une nécessité, acquit en naissant une extension que l'on pouvait à peine prévoir. La population sembla se multiplier, car nous les avons vus souvent entièrement envahis, sans que pour cela le théâtre fût déserté; au contraire, les couloirs du Grand-Théatre regorgeaient de spectateurs qui ne pouvaient trouver place dans la salle, et de tout côté on criait alors à l'insuffisance du Gymnase (1).

En nous résumant, nous pouvons dire que les recettes du théâtre, loin d'avoir diminué depuis la création des grands établissements qu'il appelle ses rivaux, ont, au contraire, considérablement augmenté, et que si, ce dont il est permis de douter, on peut constater des pertes financières dans son administration, il faut en rechercher la cause ailleurs que là où chacun semble l'avoir trouvée.

Cela dit, un mot sur ces établissements poursuivis par une haine intéressée et imprévoyante.

Nous avons déjà dit que Marseille, qui autrefois pouvait se contenter de deux salles de spectacle, a acquis aujourd'hui un développement tel, que la population a presque triplé dans la période de vingt années que nous venons de traverser ; la fortune publique s'est augmentée au moins dans la même proportion ; la conséquence forcée est qu'il faut des délassements beaucoup plus nombreux, qui soient en rapport avec le chiffre de la population et de la fortune. Et cependant nous sommes encore loin d'y être arrivés espérons que nous y arriverons un jour.

Croit-on, par hasard, qu'un théâtre où seraient jouées de grandes scènes militaires n'aurait pas de grandes chances de succès? Et un théâtre pour la *petite* musique, si je puis m'exprimer ainsi, où seraient représentés tous les petits chefs-d'œuvre qui défrayent à Paris les *Bouffes*, les *Folies-Nouvelles*, et qui, pour la plupart, sont signés *Offenbach*, n'aurait-il pas aussi ses partisans? Ce sont là, nous le

---

(1) *Phocéen* des 27 et 28 juin 1858.

croyons, des améliorations que réclame l'importance de notre cité ; et nous ne mettons pas en doute que si une demande en concession de privilége était faite sérieusement dans ces conditions, le gouvernement n'hésiterait pas à l'accorder.

Ce que nous disions devient évident par un simple rapprochement; Paris possède vingt-six théâtres, je ne sais pas combien de bals publics, de cafés-concerts, de divertissements de tous genres ; qu'on établisse un rapport entre la population de Paris et celle de Marseille, et l'on se convaincra que nous sommes encore bien arriérés. Croit-on, par hasard, que la population flottante de Paris soit en nombre suffisant pour donner la vie à tous ces établissements ; eh bien ! nous l'affirmons, et au besoin nous le prouverons par la statistique ; Marseille renferme chaque jour plus d'étrangers que Paris, relativement à sa population. Nous concluons donc que nous avons beaucoup à faire, et que c'est en vain qu'on voudrait arrêter l'élan qui a été donné et qui doit être fécond en heureux résultats.

Et puisqu'on parle de concurrence ruineuse, disons tout d'abord, quelle concurrence peuvent faire au théâtre, le Jardin Zoologique, le Château-des-Fleurs. Ces deux jardins n'ouvrent leurs portes qu'à un moment de l'année où le théâtre chôme ou à des heures où les représentations ne peuvent avoir lieu. Je me trompe, le Gymnase et ses vaillants soldats luttent contre les chaleurs tropicales de notre été, mais ils en sont récompensés ; car, chaque soir, la foule accourt et applaudit, et, certes, ce n'est pas au Gymnase, que le directeur perd de l'argent ? La concurrence ne peut rien sur ce théâtre aimé du public, qui non seulement se suffit à lui-même, mais procure encore des bénéfices très-importants.

Restent donc les cafés-concerts contre lesquels on accumule toutes les malédictions.

Nous avons démontré leur utilité au point de vue des plaisirs du public, démontrons-la encore au point de vue des intérêts financiers de notre ville.

Nous l'avons dit, la ville paie, et assez cher, Dieu merci ! pour soutenir le théâtre ; elle grève chaque année son budget de sommes assez rondes; nous ne nous en plaignons pas, loin de là; car, du moment où il serait démontré que les ressources que procurent les recettes ne suffisent pas pour entretenir une troupe dramatique en rapport avec l'importance de notre pays, il s'éleverait une grande question, la question de conservation des bonnes traditions de l'art, question qui en domine une foule d'autres, et pour la résoudre dans un sens utile la ville s'impose de grands sacrifices, cela est bien ; mais enfin nous le répéterons mille fois, c'est l'argent de tous qui passe ainsi entre les mains d'un directeur de spectacles ; il faut donc combler ce déficit dans la caisse municipale, et pour cela augmenter autant qu'il est possible, le chiffre des recettes. Or, l'octroi n'est-il pas une des sources les plus productives de notre fortune municipale? et dès lors, ne faudrait-il pas protéger tous ceux qui par leur industrie tendent à en augmenter les revenus? Chacun sait les droits énormes perçus à l'entrée de notre ville et dans l'intérêt de l'octroi, sur les alcools, les liqueurs, la glace, les matières premières servant à la confection de la bière, et chacun sait aussi que ce sont là les principales, nous pourrions dire les seules consommations faites dans les cafés-concerts. Il serait curieux d'étudier ce que produit cet impôt qui frappe ces établissements, et peut-être arriverions-nous à trouver que ce sont eux en définitive, qui subventionnent les théâtres, ou tout au moins, qui allègent considérablement le poids que la ville s'est imposé. Qu'on ferme les cafés-concerts et nous verrons cette somme de revenus disparaître complètement, sans aucune compensation.

Il est encore d'autres sommes prélevées par la caisse de la ville, je veux parler du droit des pauvres. Les plaisirs publics sont taxés ; à ceux qui jouissent de la vie, il est bon de rappeler qu'il est des malheureux qui souffrent, et qu'une partie de l'argent qu'ils dépensent en plaisir, va soulager bien des infortunes, apporter des adoucissements à bien des douleurs. Les cafés-concerts fournissent leur contingent et permettent ainsi à la ville un peu plus de largesse. Il y a donc utilité de conserver ces établissements, si on considère seulement les intérêts de la cité en général ; il y aura encore utilité au point de vue des habitants.

En effet, nous ne croyons pas exagérer en disant que deux ou trois cents personnes, au moins, y trouvent des moyens d'existence journaliers, qu'elles vivent pour et par ces établissements : employés, musiciens, artistes, garçons, que sais-je ? et les autres dépenses faites pour construire, et celles faites pour entretenir, et toutes celles des besoins de chaque jour, ne viennent-elle pas se réunir en sommes très-importantes entre les mains de différents industriels. Voilà donc deux cents, trois cents, quatre cents personnes peut-être, qui ont intérêt à la conservation de ces établissements, et on parle de les détruire ? Fatale aberration d'esprits prévenus et intéressés.

La caisse municipale profite donc des cafés-concerts de deux manières ; les industriels de la ville, une foule d'employés en profitent encore ; disons qu'on peut aller plus loin et soutenir que toutes les petites bourses ont un intérêt immense à les voir se maintenir.

Dès 1851, le gouvernement s'aperçut que beaucoup de passions mauvaises se couvaient dans ces bouges infects qu'on décorait quelquefois du titre de cafés, dans ces réunions soi-disant de bienfaisance, dans ces conciliabules secrets où beaucoup de malheureux dont on exhaltait l'imagination, allaient s'abrutir, qu'on me pardonne le mot, et un décret vint règlementer cette matière. Mais à ces pauvres ouvriers à qui on a dit qu'il ne fallait plus des salles enfumées, éclairées par la pâle lueur des chandelles, et où le vin coulait à pleins bords, il faut des délassements après une journée de travail ; il faut à l'homme une distraction, et certes, si l'homme riche éprouve ce besoin, combien il est plus impérieux pour le pauvre. L'ouvrier a donc appris une nouvelle route ; après la journée consacrée au travail, où le pain de la famille a été gagné, ne le voyez-vous pas d'ici, accompagné cette fois de sa femme et de ses enfants, sortir de sa simple demeure. Où va-t-il ? Voyez-le, sa figure est calme, son front est serein : c'est que le bouge, la taverne ne le réclament plus ; il sait un lieu où, moyennant une faible somme, il peut procurer aux siens, le plaisir qu'il éprouvera lui-même, il sait le café-concert et il y entre heureux et paisible, car il goûte dans ce moment la joie de la famille, car il voit près de lui sa femme, sa fille, qu'il a tant de fois laissées au domicile ; et vous voulez fermer ces établissements ? Allons donc ! Vous êtes fous ! Vous voulez que cet homme aille au théâtre *prendre des distractions* ? Vous lui ferez payer cher, bien cher, un plaisir qu'il n'éprouve pas ; pour assister à vos représentations, il aura quitté l'atelier une heure au moins avant l'heure réglementaire, il aura moins travaillé, il sera moins payé ; en revanche, il dépensera davantage. Laissez donc à la petite fortune, des moyens de distraction. La classe laborieuse, à Marseille, est assez utile, assez dévouée, assez intéressante, pour qu'on fasse quelque attention à elle, pour qu'on lui ménage ce qui lui plaît, ce qui lui faut, ce qui la moralise.

Considérée au point de vue artistitique, la question que nous traitons en ce moment a aussi un intérêt puissant.

Les détracteurs des cafés-concerts sont forcés d'avouer qu'on trouve dans ces établissements des orchestres très-convenables, des artistes qui ont *quelquefois* du mérite. Eh bien ! tant mieux ! C'est donc une école où se forment des musiciens, des chanteurs ; nous ne devons pas le regretter, car chaque jour, on nous l'apprend, l'art se meurt en France, et il y a une pénurie telle de chanteurs, que les administions théâtrales sont forcées de payer ceux qui restent à des prix fous.—L'art n'y perd donc rien ; au contraire, il y gagne.

Mais à côté des œuvres des Meyerbeer, des Halevy, des Auber, des Verdi, la France n'est-elle pas heureuse de citer celles de tant d'autres compositeurs, sans doute moins inspirés du génie musical, mais qui pourront un jour faire leurs preuves. Félicien n'a-t-il pas commencé par écrire le *Désert* avant *Herculanum* ? Et Clapisson, n'avait-il pas publié son charmant écrin de romances avant de produire la *Fanchonnette* ? Et Loïsa Puget, et tant d'autres, et tant d'autres. Et il faudra que les œuvres premières, les débuts de ces brillants compositeurs restent enfouis dans leurs cartons ; car le théâtre les dédaigne, et le public ne pourra les connaître ailleurs que dans les salons et les raouts. Mais chacun ne peut pas aller dans nos matinées ou soirées musicales ; la petite fortune veut aussi être initiée à ces chants si pétillants de la verve française, ou à ces romances si douces, si plaintives, qui ont fait de notre musique la rivale de la musique italienne ; et les Beauplan, les Lhuillier, les Henrion, les Marc Constantin, les Bordèse, les Concone, etc., etc., ne faut-il pas les entendre ? ne faut-il pas les encourager ? Il y a peut-être dans telle chansonnette écrite par eux l'idée qui enfantera un *Robert-le-Diable.* — Serait-ce donc si extraordinaire ? Je le répète, de légères symphonies d'abord, le *Désert* ensuite, n'ont-ils pas précédé *Herculanum* ?

Il faut donc un lieu ouvert à tous, où nos compositeurs légers puissent faire entendre leurs œuvres, où nous puissions les applaudir et leur crier courage. La chanson doit avoir son temple, n'a-t-elle pas ses grands prêtres ? Désaugiers, Panard et notre immortel Béranger ne sont-ils pas de grands poètes qui méritent d'être écoutés ? Laissons donc au théâtre ces grands ouvrages, profonds, sérieux, savants ; mais laissons aux cafés-concerts ces bluettes, ces chansonnettes, ces romances, œuvres délicates, semblant nées pour un jour, mais résistant quelquefois à l'attaque du temps. Il y aura alors des plaisirs pour tous, pour toutes les intelligences, pour toutes les bourses, pour tous les goûts.

J'en ai fini. J'ai cherché à démontrer, dans l'intérêt de mon pays, la nécessité des cafés-concerts. Je l'ai fait parce qu'il ne peut pas être dit que Marseille ne sera jamais qu'une ville d'agiotage et indifférente au mouvement intellectuel qui se produit autour d'elle. Marseille est devenue une grande ville, elle va devenir une belle ville ; de tous côtés s'élèvent des monuments, la Bourse, le Palais, le Château-Impérial : des villas magnifiques se bâtissent sur les bords de sa belle Méditerranée, tout grandit, tout prospère ; dans ces circonstances, *noblesse oblige.* Si elle attire à elle tant de populations, si elle leur promet travail et fortune, qu'elle leur donne aussi plaisirs et distractions. Laissons-la à nos enfants grande, belle, enrichie, artiste, et rappelons-nous que si dans d'autres temps Gênes, Venise ont été les reines du commerce de la mer, elles savaient encourager les arts sous quelque forme qu'ils se présentassent.

Est-ce à dire que nous voulions la ruine des théâtres ? Non, mille fois non : égalité pour tous, protection pour tous, telle est notre devise, mais aussi dévoûment de tous. Que nos directeurs nous rendent nos artistes aimés, qu'ils fassent, comme on dit, de la *bonne besogne*, et nous irons à eux ; mais qu'il nous soit permis de varier nos plaisirs, et après avoir entendu les graves accords de notre Grand-Théâtre, les grelots du théâtre des Allées, qu'il nous soit permis d'aller passer quelques instants dans nos cafés-concerts, d'y prendre un moment de repos, en brûlant un panatela ou le modeste bayonnais.

Voilà ce que nous voulons.

Voilà, sans doute, ce que vous voulez tous, ô mes compatriotes !

Au moment de mettre sous presse, nous apprenons la déclaration de faillite de MM. Chabrillat et Tronchet, à laquelle, dit-on, M. Chabrillat aurait fait opposition.

Marseille.— Typ. et Lith. Arnaud et C°, Cannebière, 10.

www.ingramcontent.com/pod-product-compliance
Lightning Source LLC
Chambersburg PA
CBHW061614040426
42450CB00010B/2486